Hallo **Max**, herzlich willkommen in Wien!

Wien Stadtbahn

Die **Wiener Stadtbahn,** Vorgänger der U-Bahn in Wien, wurde **1889** geplant. Besonders bekannt sind die vom Architekten **Otto Wagner** geplanten Stationen, die man heute entlang der U-Bahn Linie 6 finden kann. Einige Stationen der Linie U4 sind auch von diesem Architekten geplant.

Heute umfassen die **5 U-Bahn Linien mit 101 Stationen** mehr als **910 km.** Durch die zusätzlichen Straßenbahnen, Buslinien und Schnellbahnen ist das öffentliche Wiener Verkehrsnetz sehr gut ausgebaut.

Sollen wir die U-Bahn nehmen?

Na klar, da kommen wir schnell überall hin.

Kennst du die Antwort?

Die U-Bahn Linien sind nummeriert. Suche dir einen U-Bahnplan und zähle sie auf:

....

Eine Nummer gibt es nicht, weißt du welche?

....

Kannst du Wienerisch

patschert	unbeholfen
sich aufpudeln	sich wichtig machen
Wampen	dicker Bauch
hackeln	arbeiten
Brodler	ein langsamer Mensch

Fahnen & Wappen

Die österreichische Nationalflagge ist Rot-Weiß-Rot, und gliedert sich in drei gleich breite Querstreifen. Die Herkunft – ursprünglich waren die Farben Rot-Silber-Rot – geht bis ins Mittelalter zurück, und leitet sich vom Bindeschild, dem Hauswappen der Babenberger ab.

Der Adler in der Mitte der Fahne ist **das österreichische Bundeswappen.** Die Symbole bedeuten folgendes:
- Der Adler: Souveränität Österreichs
- Der Bindenschild: Emblem von Österreich
- Die Stadtmauerkrone: Symbol des Bürgertums
- Die Sichel: Symbol des Bauernstands
- Der Hammer: Symbol der Arbeiterschaft
- Die gesprengte Eisenkette: Erinnerung an die Befreiung von der nationalsozialistischen Diktatur

Die Fahne und das Wappen von Wien:

Kennst du die Farben?

Male die österreichische Flagge in den richtigen Farben aus:

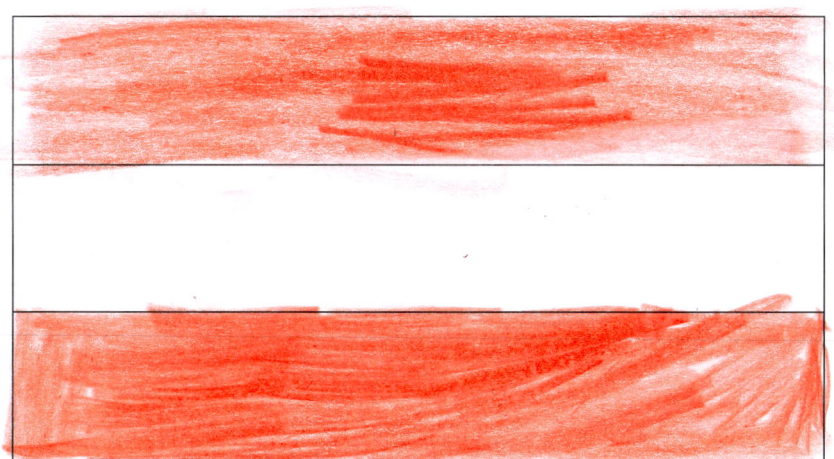

Woher kommst du?

Male die Flagge deines Heimatlandes dazu:

Der Stephansdom

Schau Max, der Stephansdom

Daten & Fakten

Gesamtlänge:	107,2 m
Gesamtbreite:	34,2 m
Höhe der drei Chorhallen:	22,4 m
Höhe des Langhausmittelschiffes:	28 m
Höhe der Langhausseitenschiffe:	22,4 m
Südturm (Hoher Turm):	136,44 m
Nordturm:	68,3 m

Heidentürme:

Linker Turm:	66,3 m
Rechter Turm:	65,3 m

Dach:

Länge:	110 m
Höhe:	37,85 m - von der Mauerkrone der Seitenschiffe bis zum Dachfirst
Spannweite:	35 m

Wow, ist der aber hoch!!!

Die Außenfassade

An der Außenseite der Hauptfassade kann man einige spannende Details erkennen. Links vom Haupttor gibt es zwei Eisenstangen, die **die Wiener Elle und die Brabanter Elle** darstellen. Hier konnte man die Stofflängen nachmessen. Gleich in der Nähe war auch das Tuchhändlerzentrum, die Tuchlauben.

An manche Stellen kann man auch noch Kanonenkugeln von der Türkenbelagerung entdecken.

Gleich daneben findet man einen Kreis. Hier konnten die Wiener **die Größe ihrer Brote** abmessen. Brot war damals ein Hauptnahrungsmittel, die Qualität und **die richtige Größe** waren besonders wichtig. Entsprach der Laib Brot nicht der richtigen Größe, so hatte der Bäcker den Kunden betrogen. Ihm drohte eine hohe Strafe. Die Bäcker wurden ins kalte Wasser getaucht, was ihnen eine Lehre sein sollte.

Im Stephansdom

Im Inneren findet man viele kleine Geschichten, Bilder und Symbole. **Im Kanzelkorb** schaut der sogenannte **Fenstergucker** in die Kirche. Er ist ein Baumeister, der stolz seinen Betrachter anlächelt.

Weitere Symbole sind zum Beispiel der **Zahnwehherrgott** gegenüber der Barbarakapelle oder eine der ältesten Skulpturen im Dom, die **Dienstbotenmadonna.**

Kennst du die Antwort?

Wie lange ist eine Wiener Elle?

....

Wo befindet sich die Dienstbotenmadonna?

....

Die Katakomben

Neben dem Stephansdom lag ein vielgenutzter Friedhof. Als dann der damalige **Kaiser Karl VI.**, der Vater der späteren Kaiserin Maria Theresia, den Friedhof sperrte, begannen die Leute unter der Kirche neue **„Gruften"** zu bauen. Diese erhielten später **den Namen Katakomben.**
Bis zum Verbot der Gruftbestattungen unter der Domkirche durch Kaiser Joseph II. wurden hier an die **11.000 Menschen** beigesetzt.

Die Pummerin

Wow, ist die aber riesig! Die ist sicher sehr laut!

Sollen wir's mal ausprobieren?

Das **Wahrzeichen** der Wiener, die Pummerin, die das neue Jahr einläutet, ist bereits die zweite Glocke in diese Kirche. Sie hängt erst **seit 1957 im Nordturm.**

Die erste Glocke fiel dem Brand der Kirche 1945 zum Opfer. Die neue Glocke wurde 1951 in Linz gegossen. Sie läutet jedoch nicht immer, sondern nur zu hohen Feiertagen.

Wer ist der Schutzpatron der Kirche?

Der Hl. Stephanus (Stephanitag am 26. Dezember) ist Namenspatron des Wiener Stephansdoms. Er wurde 40 nach Christus vor den Toren Jerusalems zu Tode gesteinigt. Er ist auch Patron der Kutscher und Pferdeknechte sowie der Pferde.

Kennst du die Antwort ...

Wie schwer ist die Glocke?

....

In welchem Turm hängt die Pummerin?

....

Wie viele Stufen führen zum Südturm hinauf?

....

Stock im Eisen

Um 1440 wurde die jetzt **in Eisen gefasste Fichte** gefällt. Aber erst im 18. Jhdt. entstand der Brauch, dass reisende Schmiede und Schlossermeister oder Gesellen dort zur Erinnerung einen Nagel einschlugen. Der hier ausgestellte Nagelbaum ist **der älteste Europas.**

Kennst du die Antwort ...

Was haben die Schlosser und Schmiede im Baum eingeschlagen?

Wie heißt der Platz, auf dem sich das Denkmal befindet? Welche große Kirche siehst du?

TIPP! Mit dem typischen Fiaker lässt sich die Wiener Innenstadt ganz gemütlich erkunden.

„Gnä' Frau, kumans auf a Kutschnfoat mit!"

Die Wiener Hofburg

Über 600 Jahre diente die Wiener Hofburg den Habsburgern als **Residenz im Zentrum der Landeshauptstadt.** Sie war einerseits Regierungs- und Verwaltungssitz, auf der anderen Seite verbrachte die kaiserliche Familie hier die Winterzeit. Erst in den Sommermonaten übersiedelte der Hof ins damals noch am Land gelegene **Schloss Schönbrunn.** Außer der Kaiserfamilie lebten noch viele andere Personen in der Burg – Kammerzofen, Kindermädchen, Bäcker und Köche, Kutscher und Stallburschen, Wächter, Wäscherinnen, Musikanten.

Heute treffen in der Wiener Hofburg Vergangenheit und Gegenwart aufeinander. In einigen Trakten findet man Museen über die k. und k. Monarchie, gleich daneben befinden sich die **politischen Kommandozentralen der Republik:** die Präsidentschaftskanzlei und der Sitz des österreichischen Bundespräsidenten, das Bundeskanzleramt und das Außenministerium.

Kennst du die Antwort?

Wie heißt der derzeitige Bundespräsident Österreichs?

....

Finde die Namen von mind. drei Trakten heraus?

....

....

....

Museen in der Hofburg

Sisi Museum

Kaiserin Sisi und Kaiser Franz Joseph waren das letzte **„Promi-Paar"** der österreichischen Monarchie. Kaiserin Elisabeth wurde vor allem wegen ihrer **Schönheit und ihrer rebellischen Art** verehrt. Sie war ein Freigeist und wollte dem strengen Hofzeremoniell in Wien entfliehen. Sie liebte es zu reisen und hielt sich gerne und lange am Mittelmeer auf.

Auch ihrem **tragischen Tod** durch ein Attentat ist ein Raum gewidmet. Aber vor allem ihre prachtvollen Kleider und ihre Schönheitsrituale sind faszinierend.

„Kaiserin sein ist doch
manchmal ziemlich
anstrengend …"

Kaiserin Elisabeth – „Sisi"

Kaiserappartements

Kaiser Franz Joseph und Kaiserin Sisi verbrachten die Winter in ihren Appartements in der sogenannten Amalienburg, einem Teil der Wiener Hofburg. Als Kaiserpaar lebte man nicht in drei Zimmern sondern verfügte über eine große Anzahl an privaten und öffentlichen Räumen.

Willst Du wissen, wie man am Wiener Hof gewohnt hat?

Na klar! Ob uns der Kaiser auch eine Audienz gewährt hätte?

Silberkammer

Bei Hof gab es natürlich jede Menge offizielle Einladungen, Galadiners und Staatsbankette. Dafür war eine Unmenge an Geschirr, Besteck, Tischwäsche, Kerzenleuchter etc.... notwendig. Aber lustig ging es bei diesen offiziellen Anlässen selten zu. Nur bei Familienessen, die immer sonntags stattfanden, durfte munter drauflos geplaudert werden.

Kennst du die Antwort?

Findest du die Toilette von Kaiserin Sisi?
Welches Tier stellt sie dar?

....

Wie hieß die Mutter von Kaiser Franz Joseph, die
auf dem Bild über seinem Bett dargestellt ist?

....

Was ist eine Audienz?

....

....

....

Josefsplatz

Der Josefsplatz liegt **inmitten der Hofburg** und ist nach **Kaiser Josef II, dem Sohn von Kaiserin Maria Theresia** benannt. Sein Standbild steht in der Mitte des Platzes.
Diesen Platz begrenzen drei bedeutende Institutionen: die Nationalbibliothek, die Spanische Hofreitschule und die Burgkapelle.

Die Nationalbibliothek

Sie wurde im 18. Jhdt. gebaut, um die kostbaren Bücher der Habsburger sicher zu verwahren. Heute ist sie die zentrale wissenschaftliche Bibliothek in Österreich. Besonders beeindruckend sind das Globenmuseum und der Prunksaal, der mit seinen **200.000 antiken Büchern** und den barocken Deckenfresken zu den **schönsten Bibliothekssälen der Welt** zählt.

Die Spanische Hofreitschule

In der Stallburg befinden sich die Stallungen der **Lipizzaner.** Gleich daneben am Josefsplatz liegt die Winterreitschule, in der auch heute noch die **einzigartigen Reitvorführungen** stattfinden. Viele der schwierigen Reitfiguren dienten ursprünglich militärischen Zwecken.

Kennst du die Antwort?

Welche Farbe haben Lipizzaner, wenn sie auf die Welt kommen?

....

Die Burgkapelle und die Wiener Sängerknaben

Kaiser Maximilian I. verlegte 1498 seinen Hof von Innsbruck nach Wien. Damit zog auch die Hofmusikkapelle mit sechs Knaben im Chor in die Hauptstadt.

Heute singen ungefähr **100 junge Burschen** zwischen 10 und 14 Jahren bei den Wiener Sängerknaben. Sie bilden **4 Chöre** die weltweit Konzerte geben, bei Opernproduktionen mitwirken und auch immer noch regelmäßig in der Hofburgkapelle bei Messen auftreten.

Die Schatzkammer

Im Schweizer Trakt, direkt neben der Burgkapelle befindet sich die **Wiener Schatzkammer.** Hier sind sowohl die weltlichen als auch die kirchlichen **Schätze des Kaiserreichs** aufbewahrt.

Kennst du die Antwort?

Von welchem Tier stammt das Horn
eines Einhorns wirklich?

....

Wie heißt die Kaiserkrone Österreichs noch?
Der Name kommt von dem Kaiser, der die
Krone ursprünglich getragen hat.

....

Wer lag in der Wiege, die du in der Schatzkammer findest?

....

Vielleicht finde
ich die Antwort in der
Schatzkammer?

Die Wiener Ringstraße

Seit dem 13. Jhdt. umgab eine Mauer an der Stelle der heutigen Ringstraße die Stadt. Sie diente vor allem als **Schutz gegen die Türkenbelagerungen**. Kaiser Franz Joseph ließ im Jahr 1857 die Festungsmauer abreißen und stattdessen eine **Prachtstraße** errichten. Diese war auch Erholungsraum für die Wiener mit zahlreichen Parks, wie z.B. dem Burggarten, dem Volksgarten oder dem Stadtpark. Viele wichtige und berühmte Bauwerke im Stil des **Historismus** prägen heute noch das Bild der Wiener Ringstraße.

Die Ringstraße führt zusammen mit dem Franz-Josefs-Kai um den gesamten 1. Bezirk herum. Die Wiener sagen dazu nur **„der Ring"**, dabei gibt es **9 verschiedene Abschnitte** mit unterschiedlichen Namen.

Kennst du die Antwort?

Kannst du mindestens 4 Namen herausfinden?

....

....

....

....

Wiener Staatsoper bei Nacht

Von der Oper zum Schottentor

Ausgangspunkt ist die Haltestelle der Straßenbahn-
linie D: Kärntner Ring /Oper. Rechter Hand erkennt
man die **Wiener Staatsoper,** die 1860 von Eduard
van der Nüll und August von Siccardsburg erbaut
wurde.

Nach dem **Burggarten** mit dem **Palmenhaus** und
dem **Schmetterlingshaus** folgt rechts die **Hofburg.**

Auf der linken Seite stehen zwei imposante Zwil-
lingsgebäude. Das sind das **Kunsthistorische Museum** und das **Naturhistorische Museum,** mit einer
großartigen Dinosaurier-Ausstellung. Auf dem Platz
dazwischen thront **Kaiserin Maria-Theresia.**

Weiter auf der linken Seite taucht jetzt nach der Kurve das **Parlament** auf, das mit seinem griechischen Stil an die älteste Demokratie erinnern will. Gleich danach kommt das **Rathaus**, in dem der Wiener Bürgermeister die Amtsgeschäfte führt. Auf der rechten Seite befindet sich das **Wiener Burgtheater,** das als k.und k. Hoftheater ab 1874 im Stil des Neobarocks von den Architekten Hasenauer und Semper erbaut wurde.

Danach folgen noch auf der linken Seite die **Wiener Universität** und der einzige Sakralbau an der Ringstraße, die **Votivkirche.** Sie ist ein typischer Bau aus der Zeit des Historismus – sie sieht gotisch aus, ist aber erst unter Kaiser Franz Joseph in diesem Stil nachgebaut worden

4

3

Kennst du die Antwort?

Kannst du die Namen den richtigen Bildern zuordnen?
Trage die Bildnummern richtig ein:

..... Burgtheater(neobarock)

..... Parlament (neoklassizistisch)

..... Wiener Rathaus (neugotisch)

..... Votivkirche (neugotisch)

Das Kunsthistorische Museum

Das Kunsthistorische Museum in Wien zählt zu den größten und bedeutendsten Museen der Welt. Man findet in diesem Museum **Kunstwerke aus 7 Jahrtausenden,** von der Zeit der alten Ägypter bis zum Ende des 18. Jhdts. Schon im 16. Jhdt. wurde die Sammlung durch zwei Habsburger begonnen. **Kaiser Rudolf II** (reg. 1576–1612) und **Erzherzog Leopold Wilhelm** (1614–1662) hatten viele unterschiedliche Sammlerleidenschaften und **legten den Grundstein** für eine der berühmtesten Sammlungen der Welt.

Welche Bilder gefallen dir hier am besten?

Schreib die Bildtitel und die Namen der Maler auf. Wann haben sie gelebt?

....

....

....

Facts & Figures:

Eröffnung durch Kaiser Franz Joseph im Jahr 1891

Anzahl der Objekte pro Sammlung:

16.034	Ägyptisch-Orientalischen Sammlung
27.644	Antiken-Sammlung
11.694	Gemäldegalerie
4.861	Hofjagd- und Rüstkammer
10.134	Kunstkammer
902	Tapisserien
23.446	Münzkabinett
1113	Sammlung alter Musikinstrumente
3.623	Schatzkammer
2.285	Wagenburg und Monturdepot

Schaufläche KHM (alle Häuser): **24.910 m²**

ca. **1.200.000 Besucher**

Kennst du die Antwort?

Suche das Bild „Die Bauernhochzeit". Wer hat es gemalt?

....

Wo sitzt die Braut?

....

Wer hat die Medusa gemalt?

....

Sie hatte keine Haare am Kopf. Was sonst?

....

Die Wiener Secession

Eine Gruppe junger Künstler gründete zur Jahrhundertwende die Vereinigung „Wiener Secession". Ihr gemeinsamer, neuer Kunststil wurde unter **„Wiener Jugendstil"** bekannt.

Man wollte eine eigene Ausstellungshalle bauen lassen. Daraus entstand ein prägendes Gebäude des Wiener Jugendstils. Im Souterrain befindet sich ein sehr wertvoller Fries, der so genannte **„Beethovenfries"**. Das zentrale Schmuckelement der Secession ist der Lorbeer. Allein die Kuppel besteht aus **3.000 vergoldeten Blättern und 700 Beeren!**
Beim Bau der Secession waren nicht alle Bewohner Wiens begeistert. Die Kuppel wurde damals auch spöttisch **„Krauthappl"** genannt, der ganze Bau als „Tempel für Laubfrösche" bezeichnet.

Was soll denn "Krauthappl" bedeuten?

So nennt man auf Wienerisch einen „Krautkopf"!

Kennst du die Antwort?

Von welchem berühmten österreichischen Künstler
stammt der Beethovenfries?

....

Der Naschmarkt

Seit 1780 gibt es den Naschmarkt in Wien. Hier bekommt man das ganze Jahr über reifes Obst und Gemüse, feinste Käsesorten, frischen Fisch und Spezialitäten aus aller Welt.

Vor allem die **asiatischen Läden** sind sehr beliebt und bieten eine Vielzahl an **exotischen Köstlichkeiten.** Für den schnellen Hunger zwischendurch gibt es verschiedenste Lokale – von der französischen Créperie bis zur thailändischen Küche.

Wienerisch für den Einkauf:

Schlagobers	Schlagsahne
Marille	Aprikose
Grapefruit	Pampelmuse
Fisolen	Grüne Bohnen
Karfiol	Blumenkohl

Denksport

huch,
da muss ich erst mal
überlegen ...

eins, zwei, drei,
vier, fünf, sechs, sieben,
acht, neun!

Stufe 2

7	2	3				1	5	9
6			3		2			8
8				1				2
	7		6	5	4		2	
		4	2	8	7	3		
	5		9	3	1		4	
5				7				3
4			1		3			6
9	3	2				7	1	4

Das Museumsquartier – kurz MQ

Die historischen Gebäude wurden **1725 als kaiserliche Hofstallungen** errichtet und bis zum Ende der Kaiserzeit verwendet. Heute vereint das MQ historische Bauten und moderne Architektur und beherbergt **zahlreiche Museen und Spielstätten,** die sich alle der modernen Kunst widmen.

Das MUMOK

Das Museum moderner Kunst Stiftung Ludwig Wien, kurz Mumok genannt – verfügt über eine Sammlung von rund 9.000 Werken, vorwiegend aus dem 20. Jhdt. Darunter sind auch viele bedeutende Werke von berühmten internationalen Künstlern, die du vielleicht schon kennst.

Leopold Museum

Hier findet man jede Menge Kunst und Kultur vom **Wiener Secessionismus** über die **Wiener Moderne** bis zum österreichischen **Expressionismus.**

Kennst du die Antwort?

Findest du heraus, welcher berühmte österreichische Maler auf diesem Selbstporträt abgebildet ist?

....

Nach einem anstrengenden Tag im Museum, möchte man sich auch eine Pause gönnen. Dazu laden die lustigen MQ-Hofmöbel ein, die überall verstreut am Areal herumstehen.

Kannst du herausfinden, wie die bunten Möbel heißen?

....

Der Dschungel
Ein Theaterhaus speziell für Kinder, Jugendliche und Familien.

ZOOM Kindermuseum
Forschen, entdecken, spielen und jede Menge Spaß im ZOOM-Atelier, dem ZOOM-Lab und dem ZOOM-Ozean.

Das Belvedere

Anfang des 18. Jhdts. ließ **Prinz Eugen von Savoyen,** einer der berühmtesten Feldherren, der für das Hauses Österreich kämpfte, das Obere und Untere Belvedere als seine Sommerresidenz, damals noch am Rande von Wien, bauen. Dafür beauftragte er den bekannten **Barockarchitekten Johann Lucas von Hildebrandt.** Die typische Hanglage, die einen uneingeschränkten Blick auf Wien, den Stephansdom bis zum Kahlenberg gewährte, verlieh dem Schloss auch seinen Namen: **Belvedere – schöner Blick.** Am 15.5.1955 wurde hier auch der **Österreichischen Staatsvertrag** unterzeichnet.

Das **Obere Belvedere** wurde für Repräsentationszwecke und Kunstausstellungen genutzt. Das Untere Belvedere diente ursprünglich als Wohnschloss für den Prinzen. Die gesamte Anlage gehört zum **Weltkulturerbe der UNESCO.** Neben wechselnden internationalen Ausstellungen, beherbergt das Belvedere die **bedeutendste Sammlung** österreichischer Kunst vom Mittelalter bis zur Gegenwart.

Ein Schwerpunkt ist auch Gustav Klimt, dem berühmten Jugendstilmaler gewidmet: **Der Kuss von Gustav Klimt.**

Kennst du die Antwort?

In welchem Stil wurde das Belvedere erbaut:

❏ Gotisch   ❏ Barock   ❏ Romanisch

Prinz Eugen von Savoyen (1663 – 1736)

Prinz Eugen wurde in Paris geboren. Seine Familie gehörte zum **europäischen Hochadel** und hatte Verbindungen sowohl zu den Habsburgern, als auch den französischen und den deutschen Königshäusern. Da Prinz Eugen eher klein war, sollte er auf Wunsch seiner Familie die geistliche Laufbahn einschlagen. Er strebte aber immer schon eine **militärische Laufbahn** an. Heimlich verließ er in jungen Jahren Paris und trat in den Dienst der österreichischen Armee ein. Hier wurde er zu **einem der berühmtesten Feldherren,** der die Macht der Habsburger Monarchie vor allem in den beiden großen **Türkenkriegen** behaupten und erweitern konnte. Neben seinen militärischen Ehren machte er sich einen Namen als **bedeutender Kunstmäzen** seiner Zeit.

Das Wiener Kaffeehaus

Um die Entstehung des Wiener Kaffeehauses ranken sich viele Legenden. Auf alle Fälle spielt die **Türkenbelagerung von 1683** eine Rolle, denn mit den osmanischen Streitern kam auch die Kaffeebohne nach Wien.

Für einen Kaffeehausbesuch in Wien braucht man Ruhe. Hier gibt es **keine Hektik,** man kann stundenlang bei einer „Melange" sitzen, Zeitung lesen, Freunde treffen oder arbeiten. Früher gab es keine Speisekarte, sondern man wählte den Kaffee auf einer **Farbpalette** aus. Von fast Schwarz bis milchig weiß bestellte man seinen Lieblingskaffee nach dem gewünschten Braunton.

Kennst du die Antwort?

Finde heraus, was folgende Kaffezubereitungen auf der Speisekarte der Wiener Kaffeehäuser bedeuten?

„Melange": ....

....

„kleiner Brauner":

....

So richtig gut schmeckt der Kaffee nur mit einem Stück Torte oder Kuchen.
Kennst du den Namen der **berühmtesten Wiener Schokoladentorte?** Ein kleiner Hinweis – sie trägt den Namen eines bekannten Wiener Hotels.

....

Kaffeegenuß im Park

In den vielen Wiener Parks und Gärten, z.B. im Volksgarten und Burggarten, finden sich Alt und Jung zur Erholung ein: Spielplätze und Parkbänke im Schatten laden zum Verweilen ein.

Der Wiener Prater

Eigentlich ist der Prater **eine große Parkanlage** im 2. Bezirk in Wien. Entlang der Hauptallee kann man heute Radfahren, Laufen oder sich in der grünen Wiese ausruhen. Das heutige Gelände gehörte vor langer Zeit der kaiserlichen Familie, die hier jagte und ausritt. Jedes Jahr im Mai hielt der Kaiser eine **Frühjahrsparade** ab, die mit einem großen Galadiner im Kaiserpavillon, heute als **Lusthaus** bekannt, endete. Die Leute drängten sich entlang der Hauptallee, um die kaiserliche Familie vorbeiziehen zu sehen. Joseph II gab den Prater zur öffentlichen Nutzung frei und es siedelten sich auch Wirte und Kaffeesieder auf dem weitläufigen Gelände an. Dies war der **erste Schritt zum Wiener Wurstelprater.**

Heute ist der Wustelprater ein großer Freizeitpark. Hier findet man den **Wiener Schmäh,** viele Attraktionen und **das weltberühmte Riesenrad,** das anlässlich des 50 jährigen Thronjubiläums von **Kaiser Franz Joseph** 1897 errichtet worden ist. Zwischen den Geisterbahnen, Lachkabinetten und Ringelspielen bieten Händler Zuckerwatte, Langos, Schnitzel und Sachertorten an. In einem der **ältesten Attraktionsparks der Welt (1873)** kann man große Abenteuer erleben.

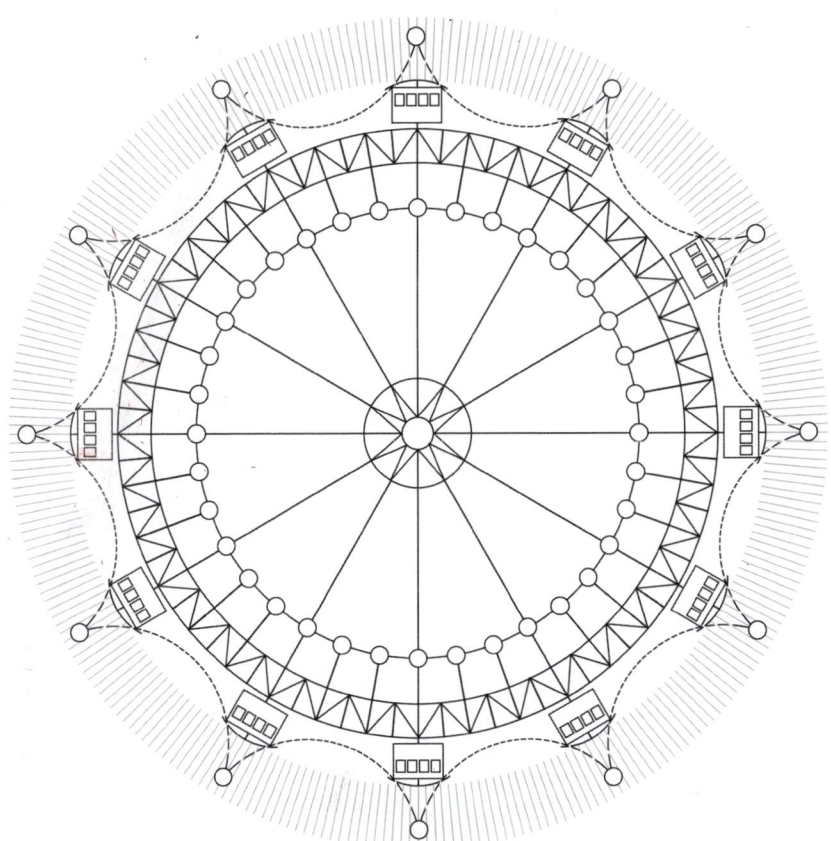

Die Donau

Die schöne, blaue Donau entspringt in Deutschland, im Schwarzwald. Sie hat eine **Länge von 2.857 km** und mündet in einem großen Delta ins **Schwarze Meer.** Die Donau ist bis heute ein **wichtiger Verkehrsweg.** Sie ist auch Namenspatron für die heimliche Hymne der Österreicher, den **Donauwalzer.** Dieser Walzer wurde von **Johann Strauss Sohn,** auch Walzerkönig genannt, am 15. 2. 1867 uraufgeführt.

Denksport

huch, da muss ich erst mal überlegen …

eins, zwei, drei, vier, fünf, sechs, sieben, acht, neun!

Stufe 2

4			7	9		2		
	3		4		2	8		
	1		6	8		9		
2				3				1
9		6				5		4
1				5				8
		1		6	9		7	
		5	2		8		6	
		4		7	1			2

Schloss Schönbrunn

Das **Wiener Schloss Schönbrunn** ist nicht erst seit Kaiser Franz Joseph und Kaiserin Elisabeth berühmt. Das Schloss und die Gärten haben eine ganz lange Geschichte.

Seit 1569 ist die Anlage, früher auch Katterburg genannt, im Besitz der Habsburger gewesen. **Kaiser Matthias** hatte in den Gärten **eine Quelle** entdeckt und gab dem Schloss seinen neuen Namen: **SCHÖNBRUNN.**

Nach Ende der Türkenbelagerung 1683 wurde die Schlossanlage nach den Plänen des berühmten **Johann Fischer von Erlach** ab 1695 erneuert. **Maria Theresia** (1717-1780) bekam das Schloss von ihrem Vater geschenkt. In ihrer Regierungszeit entstanden die **Schlosskapelle, die blaue Stiege** und **das Schlosstheater,** in dem die Kaiserin und ihre Familie nicht nur Aufführungen besuchten sondern auch selber Theater spielten.

Spiegelsaal

Der Spiegelsaal ist ein Meisterwerk an **Rokokodekoration.** Die vielen Spiegel und die weiß-goldene Dekoration sind bezeichnend für diese Zeit. Man munkelt sogar, dass **Wolfgang Amadeus Mozart** als sechsjähriger Knabe hier der Kaiserin sein erstes Konzert gegeben hat.

Die Bergerlzimmer

In den **Privaträumen der kaiserlichen Familie,** den sogenannten Bergerlzimmern, kann man in den **Wandmalereien viele exotische Vögel** und Tiere entdecken.

Der Schönbrunner Schlosspark

Um 1779 wurde der Park für das Volk geöffnet und dient noch heute den **Wienern als Erholungsgebiet.** Seit dem Jahr 1996 sind der Park und das **Schloss als Weltkulturerbe** bei der UNESCO registriert. Zur allgemeinen Unterhaltung wurde schon im Jahr 1720 ein **Irrgarten** angelegt.

1775 wurde die Gloriette als **Blickfang oder auch Ruhmestempel** zum Andenken an den Siebenjährige Krieg erbaut. Hoch oben am Berg krönt sie den Hügel. Von dort hat man einen **wunderbaren Ausblick auf die Parkanlage** und auf Wien.

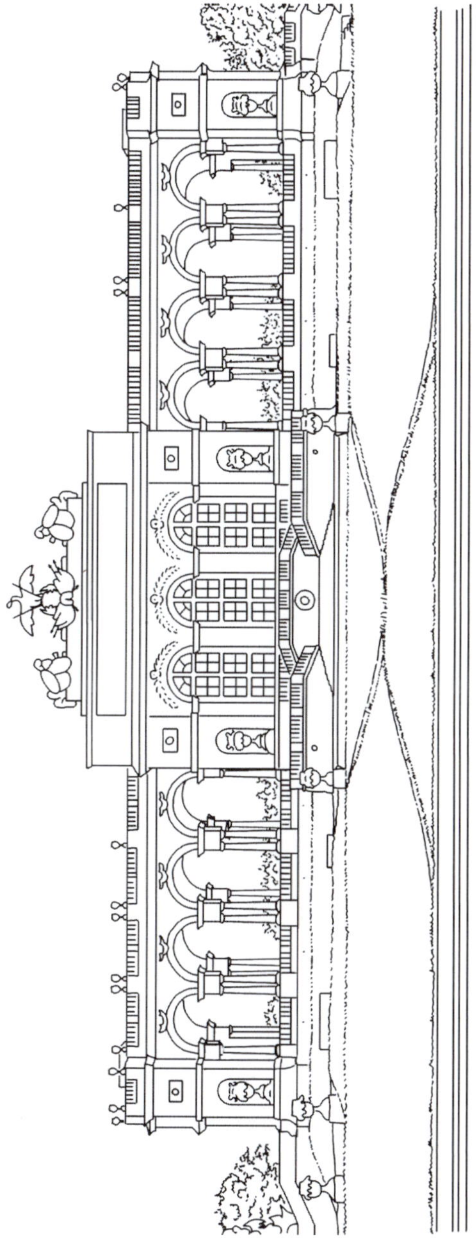

Gloriette im Schloßpark Schönbrunn

Die Habsburger

Die Geschichte Österreichs und Wiens wurde über Jahrhunderte von der **Habsburger Monarchie** bestimmt. Die Habsburger regierten als **Kaiser und Könige** über das Gebiet des heutigen Österreichs, und zeitweise über **große Teile Europas bis hin zu Mexiko.** Die wichtigsten Vertreter dieser europäischen Großmacht bis zum 20. Jhdt. waren:

Rudolf I. (1218-1291): Der Begründer des österreichischen Habsburgerreiches.

Maximilian I. (1459-1519): Der letzte Ritter, er betreibt eine sehr erfolgreiche Heiratspolitik und vergrößert dadurch das Reich.

Karl V (1500-1558): Unter seiner Regentschaft wird das Habsburger Reich zu einer Weltmacht: „Das Reich, in dem die Sonne nie untergeht".

Maria Theresia (1717-1780): Die einzige Frau an der Spitze des Habsburger Reiches und Mutter von 16 Kindern.

Franz Joseph (1830-1916): Herrscher über einen Vielvölkerstaat, am Ende seiner Herrschaft bricht der 1. Weltkrieg (1914 – 1918) aus.

Karl (1887-1922): Der letzte Kaiser Österreichs, der nach dem Ende des 1. Weltkrieges ins Exil geht.

Was bedeutet eigentlich k.u.k?

Ach Max, kaiserlich und königlich?

Kennst du die Antwort?

Maria Theresia hatte insgesamt 16 Kinder. Findest du die Namen von mind. 5 ihrer Kinder heraus?

....

Eine Tochter war mit Ludwig XVI. von Frankreich verheiratet. Sie wurde ebenso wie ihr Mann während der Französischen Revolution hingerichtet. Weißt du Ihren Namen?

....

Der Tiergarten Schönbrunn

Am 31. Juli 1752 lud **Kaiser Franz I Stephan** in den fast fertiggestellten Tiergarten einige Gäste ein. Dieser Tag gilt als **Geburtstag des Zoos von Schönbrunn.** Viel später, nämlich erst 1778 durften „anständig gekleidete" Personen an Sonntagen den Tiergarten besuchen. So konnten die Wiener erstmalig Elefanten, Wölfe oder auch Bären in den Gehegen bewundern. Die Anlage wurde dann 1803 um den Tiroler Garten erweitert.

Seit 1996 zählt die gesamte Anlage als Weltkulturerbe der UNESCO.

Kreuzworträtsel:

1. Wo steht das Riesenrad?

2. Wie war der Spitzname der Kaiserin Elisabeth?

3. Welcher Fluß fließt durch Wien?

4. Wer hat die Pestgrube überlebt?

Oh, du lieber Augustin

Refrain:
Oh, du lieber Augustin,
Augustin, Augustin,
Oh, du lieber Augustin,
Alles ist hin!

Geld ist hin, Mädl ist hin,
Alles ist hin, Augustin!
Oh, du lieber Augustin,
Alles ist hin!

Refrain

Rock ist weg, Stock ist weg,
Augustin liegt im Dreck.
Oh, du lieber Augustin,
Alles ist hin!

Und das kann man im Dialekt singen?

Na klar: oh, du liaba Augustin ... ollas is hin!

Die Sage:

Im Jahre 1679 brach in Wien erneut die Pest aus. Der Sänger und Komödiant, von den Wienern liebevoll der liebe Augustin genannt, begab sich einsam und betrunken auf den Heimweg und schlief am Straßenrand ein. Die Pestknechte hielten ihn für tot und nahmen Augustin mit. Er merkte nicht, als die Totengräber ihn in die frisch geschaufelte Pestgrube warfen.

Als er am nächsten Morgen in der Grube aufwachte, schaute er herum und erschrak! Wie soll ich hier wieder herauskommen? Er griff zu seinem Dudelsack und sang laut sein Lied. Da kamen die Totengräber und stellte ihm die Leiter in die Grube. Erleichtert kletterte Augustin wieder heraus und ging zurück in sein Stammlokal und genoss wieder einen Humpen Wein. Augustin hatte noch ein langes Leben und starb als alter Mann.

Was hast du noch alles in Wien entdeckt?

Schreibe es auf, damit wir uns bei deinem
nächsten Besuch in dieser Stadt
wieder sehen können.

Habt ihr auch das technische Museum und Minopolis,
die Stadt der Kinder, besucht?

Wer war noch aller mit dir in Wien unterwegs?

....

....

....

....

Wir wünschen dir auf jeden Fall viel Spaß in dieser tollen Stadt!

Ich bin am ...19.5.2018... per Flugzeug / Zug / Auto nach Wien gekommen und am .... abgereist.

da mit

Hallo Lilly, hallo Max!

Schaut mal – hier ist
ein Bild von mir
bei meinem Besuch in Wien.

Liste der wichtigsten
Museen & Sehenswürdigkeiten

1. Stephansdom ❏
2. Katakomben ❏
3. Stock im Eisen ❏
4. Hofburg ❏
5. Schatzkammer ❏
6. Kapuzinergruft ❏
7. Spanische Hofreitschule ❏
8. Graben ❏
9. Pestsäule ❏
10. Albertina ❏
11. Nationalbibliothek ❏
12. Globenmuseum ❏
13. Museumsquartier ❏
14. Naschmarkt ❏
15. Ringstraße ❏
16. Wiener Staatsoper ❏
17. Parlament ❏
18. Rathaus ❏
19. Burgtheater ❏
20. Kunsthistorisches Museum ❏
21. Naturhistorisches Museum ❏
22. Universität Wien ❏
23. Votivkirche ❏

24.	Schmetterlingshaus	❏
25.	Heldenplatz	❏
26.	Michaelerkirche	❏
27.	Burgkapelle	❏
28.	Secession	❏
29.	Mozarthaus	❏
30.	Haus der Musik	❏
31.	Urania	❏
32.	Schönbrunn	❏
33.	Tiergarten Schönbrunn	❏
34.	Oberes und unteres Belvedere	❏
35.	Hermesvilla/Lainzer Tiergarten	❏
36.	Prater & Riesenrad	❏
37.	Augarten Manufaktur	❏
38.	Technisches Museum	❏
39.	Haus des Meeres	❏
40.	Hundertwasser Haus	❏
41.	Kunsthaus Wien	❏
42.	Heeresgeschichtliches Museum	❏
43.	Museum für angewandte Kunst	❏
44.	Ein Heurigenbesuch	❏
45.	Ein Kaffehausbesuch	❏
46.	Das jüdische Museum	❏
47.	Die Ankeruhr	❏
48.	Minopolis	❏
49.	....	
50.	....	
51.	....	

Hier findest du die Auflösung

Seite 5: U1/U2/U3/U4/U6, die fehlende Nummer ist U5

Seite 11: Eine Wiener Elle ist 77,6 cm / Die Dienstbotenmadonna befindet sich im Mittelschiff vor dem Kanzelpfeiler.

Seite 13: 21.383 kg / Die Pummerin hängt im Nordturm. / 343 Stufen

Seite 14: Nägel / Stock im Eisen Platz / Stephansdom

Seite 17: Name des aktuellen Bundespräsidenten / Leopoldinischer Trakt, Schweizertrakt, Michaelertrakt, Neue Hofburg, Amalienburg, Stallburg

Seite 21: Delfin / Sophie / Unter einer Audienz versteht man auch heute noch ein Treffen mit einer höhergestellten Persönlichkeit, um ein Anliegen vorbringen zu können.

Seite 23: Schwarz oder Braun

Seite 25: Von einem Narwal / Rudolfskrone nach Kaiser Rudolf II. / Der König von Rom

Seite 26: Stubenring, Parkring, Schubertring, Kärntner Ring, Opernring, Burgring, Dr. Karl Renner Ring, Universitätsring, Schottenring

Seite 29: # 3 Burgtheater, # 1 Parlament, # 2 Rathaus, # 4 Votivkirche

Seite 31: Pieter Bruegel der Ältere / Die Braut sitzt unter der Papierkrone vor dem grünen Tuch. / Peter Paul Rubens / Auf ihrem Kopf befinden sich Schlangen.

Seite 33: Gustav Klimt

Seite 37: Egon Schiele / Enzis und Enzos

Seite 39: Barock

Seite 40/41: Melange: Kaffee mit geschäumter Milch / Kleiner Brauner: Ein kleiner Espresso mit einem Schuss Obers / Berühmteste Schokoladentorte: Original Sacher-Torte vom Hotel Sacher

Seite 51: Maria Elisabeth, Maria Anna, Maria Karolina (3x), Joseph, Maria Christina, Maria Elisabeth, Karl Joseph, Maria Amalia, Leopold, Johanna Gabriela, Maria Josepha, Ferdinand Karl Anton, Maria Antonia (Marie Antoinette), Maximilian Franz/Marie Antoinette

Seite 53: 1. Prater, 2. Sisi, 3. Donau, 4. Augustin

Impressum und Bildnachweis:

Fotos: fotolia.com: S.6, S.16, S.27, S.28, S.42, S.44; Fotonachweis für S. 18, 19 und 21: alle Fotos der Museen in der Hofburg: Wiener Hofburg, Copyright Schloß Schönbrunn Kultur- und Betriebsges.m.b.H; S. 23: Copyright „Spanische Hofreitschule"; S. 24 und S. 30: Copyright „Kunsthistorisches Museum", Wien; S. 36 und S. 37: © Leopold Museum, Wien; EGON SCHIELE (1890 Tulln - 1918 Wien) Selbstbildnis mit gestreiftem Hemd, 1910, Schwarze Kreide und Gouache auf Papier, 44,3 x 30,5 cm, Leopold Museum, Inv.Nr. 1458, © Leopold Museum, Wien; S. 37: Copyright © ZOOM Kindermuseum/Alexandra Eizinger; S. 38 und S. 39: © Belvedere; S. 46, S. 47 und S. 48: Copyright Schloß Schönbrunn Kultur- und Betriebsges.m.b.H.; S. 52: Copyright Tiergarten Schönbrunn/Daniel Zupanc; alle anderen Fotos: Nicole Ehrlich-Adám, Caroline Salzer

Text und Idee: Nicole Ehrlich-Adám, Caroline Salzer
Copyright: Nicole Ehrlich-Adám und Caroline Salzer
Illustration: Ursula Simec
Grafische Gestaltung: paris-füllerer-st.pölten, www.wirgestalten.com

ISBN: 978-3-9503258-2-9
2.Auflage, 2013
www.globetrotterkids.at

Alle Angaben und Informationen in diesem Reiseführer beruhen auf gründlicher Recherche der Autorinnen. Sollten sich dennoch Fehler eingeschlichen haben, können wir dafür keine Haftung übernehmen. Wir sind aber für Tipps, Anregungen und auch Kritik dankbar. Schreiben Sie uns Ihre Meinung an: office@globetrotterkids.at